针灸鼻祖

皇甫谧

张珊珊 编写

吉林出版集团股份有限公司
全国百佳图书出版单位

图书在版编目（CIP）数据

针灸鼻祖　皇甫谧 / 张珊珊编. —— 长春：吉林出版集团股份有限公司，2020.2（2023.5重印）

ISBN 978-7-5581-7921-1

Ⅰ. ①针… Ⅱ. ①张… Ⅲ. ①皇甫谧（215-282）－传记 Ⅳ. ①K826.2

中国版本图书馆CIP数据核字(2019)第260576号

针灸鼻祖　皇甫谧
ZHENJIU BIZU　HUANG FUMI

编　　写	张珊珊
策　　划	曹恒
责任编辑	黄　群　林　琳
封面设计	MM末末美书

开　　本	710mm×1000mm　1/16	出版/发行	吉林出版集团股份有限公司
字　　数	75千	地　　址	吉林省长春市福祉大路5788号
印　　张	8	邮　　编	130000
版　　次	2020年2月第1版	电　　话	0431-81629968
印　　次	2023年5月第2次印刷	邮　　箱	11915286@qq.com

印　　刷	三河市金兆印刷装订有限公司　　ISBN 978-7-5581-7921-1　定　价 39.80元

前言

　　中医文化是中国优秀传统文化的重要组成部分，具有创新文化的潜质。中医学是中国传统科学中沿用至今的富有中国文化特色的医学，它具有完备的理论体系，独特的诊疗方法和显著的临床疗效等特征。在中华民族五千年的历史长河中，中医学始终担负着促进人身健康的重要角色，是中华民族长期同疾病作斗争的智慧结晶，它为中华民族的繁衍、昌盛提供了重要保障。

　　《针灸鼻祖　皇甫谧》这本书主要收录了皇甫谧的成长经历和奇闻逸事等。读者通过这些故事，可以了解中医名家救死扶伤、拯救天下苍生的医德精神和中医文化的博大精深。

本书内容通俗生动，易于读者阅读。书中配以与中医文化知识相关的图片，并选取了具有代表性的皇甫谧文化园和皇甫谧家乡的特色风光作为跨页大图，使本书的内容更加生动传神，更具亲和力和吸引力。本书不仅是为了让读者了解中医文化，更是为了讲好"中国故事""中医故事"。

　　希望通过本书，读者对优秀中医文化会有更加深刻的了解和认识，能够更加热爱中医文化。通过我们对医学名家的传颂，优秀的中医文化必将再放异彩。

目录

　　皇甫谧（215—282 年），魏晋间医学家、作家。幼名静，字士安，自号玄晏先生，安定朝那（今宁夏固原东南，一说甘肃灵台境内）人。著有《甲乙经》《帝王世纪》《高士传》《烈女传》《玄晏春秋》等。

第一章

生不逢时

皇甫谧出生在一个文化底蕴丰厚的地方，但他拥有不羁的灵魂，是什么让他拥有不平凡的人生？他又是如何一改往日的痞气走上拯救苍生的道路呢？他生命里的引导者又是谁呢？

皇甫谧出生于今甘肃省灵台县。灵台县位于陇东黄土高原南缘，属黄土高原沟壑区，泾河与渭河之间。这种广袤的地理环境会让土生土长的人民拥有豁达的性格。这里还是仁政的代表，周民族和周文化的发祥地，有着悠久的历史，是文化底蕴丰厚的地方。当地人热情好客，崇尚礼仪。皇甫谧生长在这个地方，从小就受当地文化政治的影响，他的人格、思想也在潜移默化中塑造着，骨子里有着灵台人的傲气和执着。

在周文王统治时期，灵台境内有黄帝的后裔——姞姓的密须国，这个国家的国君昏庸无道，四处征战，百姓流离失所。

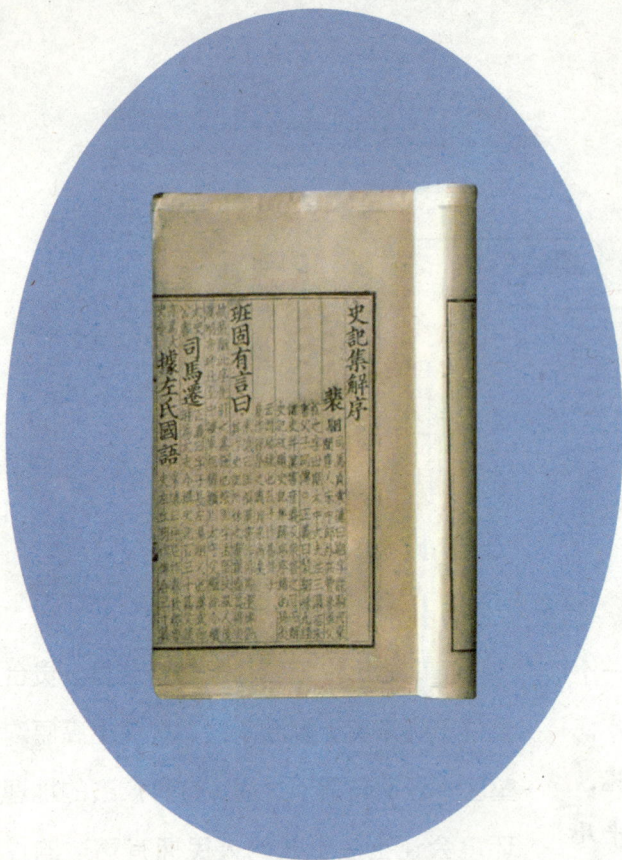

《史记》

周文王吊民伐罪，灭密须。之后，周文王广施仁政，建立灵台祈祷上天，以求福泽万民。

　　所谓灵台寄托了周文王深深的爱民之心，他希望通过这座灵台可以让当地的百姓得到上天更多的恩泽，过上更好的生活。灵台和许多建筑一样，都是一步步从垒根基开始，开坛、祭祀一切按部就班。在建筑灵台时，人们从地下挖出了许多枯骨，周文王便开放国库埋葬这些枯骨，让逝者得以安息。

　　史书上记载周文王倡导"笃人、敬老、慈少、礼下贤士"的社会风气，提倡"怀保小民"，大力发展农业生产，采用"九一而助"的政策，

周文王像

即划分田地，让农民助耕公田，纳九分之一的税，使周国的社会经济得以发展。

一方水土造就一方人，出生在这里的皇甫谧自然也受到当地政治、文化、风俗的影响，骨子里有着一种坚忍不拔的意志，有一颗仁爱之心。

然而皇甫谧的人生却是充满坎坷与艰辛的。"天将降大任于斯人也，必先苦其心志，劳其筋骨，饿其体肤……"皇甫谧诞生于乱世，一生中历经三朝七帝，历经各种社会动荡，看遍人生百态，这种社会环境对他成为一位伟大医学家有非常大的影响。

刘备像

皇甫谧一生所处的历史时代情况非常复杂，他出生在东汉时期，成长于曹魏，终于西晋，在血雨腥风、病饿交加中度过了一生。统治阶级内部争权夺利，杀伐攘夺，天下离乱，民不聊生。公元220年，曹丕废汉帝自立，东汉灭亡。接着刘备、孙权称帝，天下三分。公元249年，司马懿制造了"高平陵事件"，此后，掌权的司马氏又相继诛杀了许多文人名士。公元265年，司马炎逼迫魏帝曹奂禅位，魏亡。晋王朝统一后，没多久又爆发了"八王之乱"，西晋王朝在混乱中覆灭，接踵而来的是"五胡十六国"的长期大分裂。中国历史上几个著名战争，

司马懿像

赤壁

如官渡之战、赤壁之战等都发生在这个时期。

汉朝建立的正统儒家思想被彻底摧毁，所有的文人雅士都无所适从。这时奉行的并不是正统的儒家思想，而是尔虞我诈的风气，谁奸诈血腥，谁就可以获得政权，就可以获得崇高的地位。这与君权神授，与儒家提倡的德政、礼治和仁政恰恰相反，引起学者的无奈，纷纷参与到其他的社会生活中。皇甫谧受到这种时局的影响，一生都在用自己的力量与这种现实相抗争。

知识加油站

皇甫谧六世祖皇甫棱为东汉度辽大将军，战功无数；五世祖皇甫旗为扶风都尉，刚正不阿；四世祖皇甫规为东汉护羌校尉，一生清廉；曾祖父皇甫嵩为东汉车骑大将军，并升任太尉，战绩卓越；祖父皇甫叔献曾任晋灞陵令，受人尊敬。皇甫规和皇甫嵩功绩卓著，对皇甫家族的影响深远，使皇甫家族变得兴旺，成为士族大姓。

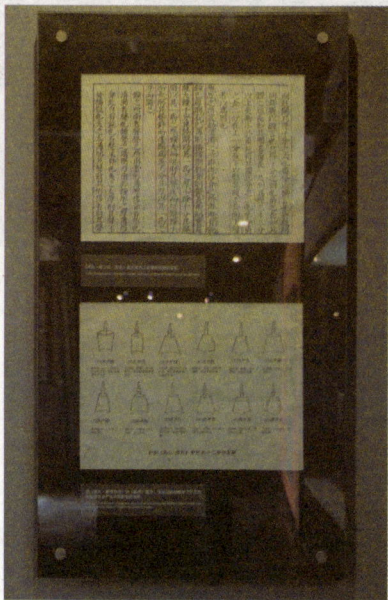

周礼文献资料

风雨交加的夜晚

第二章

痛改前非

皇甫谧身为名门将侯后代，身上流淌着先人不屈的血液，虽然在幼年时极度的贪玩，一度被众人当作坏孩子，但是到底是什么激励了他，让他决心向上，又是什么让他不断地成长担负起家庭重任？

皇甫谧出生在一个小山村，虽然他的家族也是名门望族，但皇甫谧的父亲皇甫书侯仅被推举为孝廉，一生没有做官。皇甫谧出生时，家族日趋没落，但在皇甫谧的心中，对祖先仍是非常崇敬，先辈们的事迹对皇甫谧产生了深远的影响，使他拥有了坚韧不拔的毅力。

公元 215 年，在一个风雨交加的夜晚，一声响雷划破了天空的寂静，伴随着一声啼哭，"生了生了，老爷，是个胖小子"，男人闻言高兴地跑进屋中，抱着孩子喜极而泣。"不好了！大出血了！"产婆突然着急地喊道。不管如何救治，皇甫谧的母亲还是因为产后失血不幸离世，从此，父子俩相依为命。由于母亲的去世，父亲终日郁郁寡欢，以酒为伴，再加上父亲先天体质较弱，没过几年也去世了，只留下小皇甫谧一人在这世间。

父亲去世后，是皇甫谧的叔父皇甫仲帮他料理了父亲的后事，并将他抱回家中。皇甫仲看着幼年丧失双亲的皇甫谧，想到自己没有子嗣，便收养了皇甫谧，将他当作亲生儿子一般。虽然是寄养在叔父家，但养父母对皇甫谧疼爱有加，总是不舍过多训斥。就这样，皇甫谧逐渐走出丧失双亲的阴影，在温暖的家庭中无忧无虑地生活着。

正是养父母的溺爱，让皇甫谧天不怕地不怕，更不用说私塾老师，在课堂上嬉戏打闹、捉弄同学都是常事。午后，他常常和自己的小伙伴爬到荆树上，摘下一些柔软的荆树条，把它们编起来当盾牌，再到河边采一些芦苇当矛。这些简单的东西就足够让他们玩一天，他将小伙伴们分成两列，面对面站成两排，就像两军对阵作战，英勇杀敌，当然他常常是作为一个领导者来指挥"战场"。皇甫谧对学业、书籍没有一点兴趣，在家乡灵台浑浑噩噩地度日。

皇甫谧十四岁时，家族为了躲避战乱，养父母决定举家迁往新安。当时的新安是曹魏统治的中心地带，经济相对发达，社会基本安定，

芦苇

且学者辈出，学风浓厚，养父母希望皇甫谧在这样的环境中可以一改往日顽皮，能像先祖一样成为效忠朝廷，振兴家族的名臣。

然而，事情并没有向他养父母期待的方向发展，皇甫谧很快又结识了一群新的玩伴，每天依然玩到昏天黑地，还不时跑到距离新安不远的帝都洛阳浪荡。一转眼，皇甫谧十八岁了，但他仍然终日游荡，无所事事，在乡邻眼里，他就是彻头彻尾的浪荡子，一事无成，更不用谈什么前途了。

就这样一个被当成浪荡子的少年，后来却成长为万代敬仰的名医，是什么让他有如此转变的？

原来，有一天邻居家丢了一只鸡和一把斧头，在当时鸡是每逢过年才可以吃上的美味佳肴，斧头是用来劈柴养家的工具，丢了这两样相当于丢了一半的家当。这家人十分着急和恼火，他们正在寻思是谁偷了自己家的东西，恰巧皇甫谧游手好闲地走过来，嘴里还叼了一根茅草，念叨着"我是小顽童，无聊又无趣，没事来溜达，自在每一天。"这家人便叫住皇甫谧说："是不是你偷了我家的鸡和斧子？一天天就知道晃晃悠悠的，一点正事不干，一看就是你偷的！"皇甫谧连忙否认道："我怎么可能做这种偷鸡摸狗的事，不是我干的！"两人僵持不下，养父母听见自己的养子被冤枉，急忙赶过来说："我儿子虽每天无所事事，但他绝对不会做出这种事情，您再回家找找，若是找不到我们再做商量。"就这样，过了几天邻居在家中的草垛里找到了斧头，鸡也找回来了，邻居不好意思地向他道歉，说当时不该怀疑他。这件

铁斧

鸡

瓜果

事虽然看起来微不足道，但深深地刺激到了皇甫谧，他开始思考自己为什么会遭人怀疑。

又有一年的秋天，正值秋收的好时节，皇甫谧和伙伴在外面游荡，看见地里的瓜果非常新鲜，皇甫谧虽然贪玩不上进，但对待养父母却是特别孝顺，于是就摘了好多瓜果，用自己的衣服包起来，拿回家给养父母吃。"娘，我买了一些果子，你快来尝尝，可甜了。"养母任氏一看，就明白了这果子的来历，皇甫谧哪有什么闲钱，一想就知道这是他从别人地里摘来的。

孟子头像

任氏看着这些果子，心想正好借着这个机会好好教导教导他，"孩儿啊，你今年都二十多了，学业无成，心思也不入正道，就知道在外面游荡，别说拿这些果子给我，就算是每天用牛、羊、猪三牲来奉养我，也仍然是个不孝子。从前，孟子的母亲为了使孩子拥有一个好的教育环境，煞费苦心，曾三迁住所，最后搬到学宫旁，才使孟子成为仁德的大儒；曾参为了履行对孩子的承诺，杀了家里唯一的猪，使孩子成为一个信守承诺的人。是我没选择好邻居，还是教育方法不对？不然，你怎么会如此鲁莽愚蠢呢！你这样子，让我百年之后怎么放心，又怎

书房

么对得起你故去的爹娘！"说罢，眼里流出了失望的泪水。皇甫谧说：
"娘，我错了，您别哭了，我以后会好好读书，为我们皇甫家族争口
气！""好，希望你说到做到，不要再让为娘失望。"

养母的这番话让皇甫谧深受触动，再加上之前被邻居误会偷盗的
事情，他决定痛改前非，好好学习，希望学有所成，终有一日能报效
朝廷。于是，皇甫谧到同乡席坦那里，跟席坦一起学习，勤勉努力，
从来不敢懈怠。

皇甫谧与席坦每天鸡鸣时就起床，互相督促，一起努力学习。这时，
皇甫谧家中已经衰败了，家中所存的书籍早已被他翻阅数遍，但没有
多余的钱财去买新书，而同乡席坦家的书也早已熟记于心了。皇甫谧
想借书读，但那时候的书籍非常贵重、稀少，有书的人不肯轻易的外借。

于是皇甫谧想出一招，白天在家中忙农务，晚上到有书的人家打短工，不要工钱，只求人家借书给他看。皇甫谧每天打短工回到家之后，坐在自己的书桌前读书，一直读到深夜。每到务农休息之时，别人都是东家长西家短地聊天，而他却默默地坐在树阴下看书。皇甫谧看书极其投入的时候，就像周遭所有的一切都与之无关，连吃饭的时间都忘记了。

知识加油站

孟子小时候，居住的地方离墓地很近，孟子学了些祭拜之类的事，玩起办理丧事的游戏。他的母亲说："这个地方不适合孩子居住。"于是将家搬到集市旁，孟子又学了些做买卖和屠杀之类的事情。母亲又想："这个地方还是不适合孩子居住。"于是又把家搬到学官旁边。这次，孟子学习会了在朝廷上鞠躬行礼及进退的礼节。孟母说"这才是孩子居住的地方。"就在这里定居下来了。

皇甫谧坐像

皇甫谧文化园全景图

第三章

带经而农

皇甫谧在认识到自己的错误后，一改往日颓废、不断努力奋斗。在家道中落、经济不堪的情况下，他是如何做到学习、劳作两不误的呢？又是如何踏上医学这条道路的呢？

皇甫谧出生后，家道中落，家中虽算不上特别贫穷，但也不再是富甲一方的名门望族了，在当时也就勉勉强强处于社会的中等水平。皇甫谧改过后，以耕读度日，几年下来，他养成一个习惯，每天除了读书、务农，他什么也不想奢求。通过读书，他获得了丰富的精神营养，了解了精彩的大千世界，也看到了当时社会的腐朽和黑暗。他暗下决心，现在好好读书，将来自己还要写书，一生要以著述为己任。

当时他的养母已经人到中年，再加上为他日夜操心，身体大不如从前，干较重的农活有心无力，皇甫谧意识到自己过去浪费了大把时光，没有尽到子女之孝，于

豆叶菜

是诚心悔悟，不仅用功读书，还亲自下田劳动。

当时很多读书人"四体不勤，五谷不分""一心只读圣贤书，两耳不闻窗外事"，是绝对不会下地劳动的，但是皇甫谧特别喜欢干活，而且越干越好，对农活也非常熟悉，书中记载他"又好桑农种藏之事，且养鸡鹜，园圃之事勤不舍力焉"。

书中还记载过这样一个故事：当时有一个叫卫伦的学者去洛阳办事，路过皇甫谧的住处，听说皇甫谧的学识，有些不信服，便想要顺道去拜访，探探他的虚实。卫伦来到皇甫谧住处后，看见房前房后栽种的瓜果蔬菜，庭院里养的鸡鸭，心里不禁感慨："这是他种的吗？会

麦子

有这么多时间吗？"皇甫谧看见他，便起身与其谈起文学知识，卫伦却说道："当年魏国有一个叫刘子阳的先生对味道非常精通，让他品尝一块饼，他便知道里面的盐是生盐还是炒过的盐；齐国有一位叫师旷的著名琴师，别人做的饭，他一尝便知道做饭用的柴是什么柴；易牙是齐国著名的厨师，当时齐国境内有两条河，一条河是淄水，一条河是渑水，这位厨师可以尝出来做汤的水是来自两条河流的哪一条。"皇甫谧一听，就知道他是来挑衅的，但他仍然表现得很谦虚。这时卫伦让侍从拿来了他随身携带的干粮，让皇甫谧品尝。皇甫谧说："这是麦子做的，只是这里面加了三种不同时节成熟的果汁，分别是杏、李、柰，才会让饼有一种香甜的味道。"卫伦当时便哑口无言，出门后和随从说："皇甫谧确实厉害，不仅文学功底深厚，居然还可以尝出来我在不同时期添加的这些东西，真是厉害，佩服佩服啊！"

由此可见皇甫谧对农活的精通。

学习就要学得精通，学得出色，做事情也要一丝不苟，这才是大道。学一门，爱一门，不论是史学、文学、农学，还是医学，皇甫谧都认真对待，这是他成功的关键之处。

皇甫谧每天务农这么忙碌，怎么还有时间去读书呢？他什么时候去读书的呢？

原来，皇甫谧在亲身参加农业劳动的时候，身边总是带着儒家经典著作，在劳动的空闲时间就拿出书翻读，因为看书而忘记吃饭都已经习以为常了。在农活结束之后，更是拿出书不知不觉地看到夕阳西下，

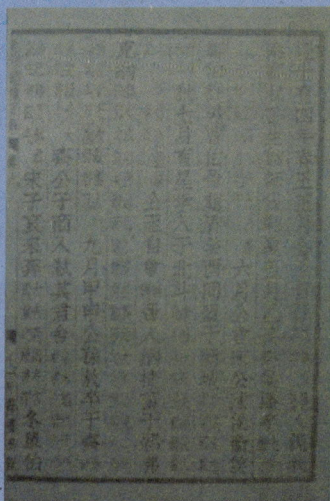

《春秋》

农耕作业雕塑

秋

才恋恋不舍地合上书本回家，回家后顾不上洗脸就又去读书，常常读到深夜。在《玄晏春秋》中记载"（皇甫谧）或对食忘餐，或不觉日夕"。

就这样不管是春宵匆匆，夏日炎炎，还是秋风萧萧，冬雪皑皑，他总是坚持一边耕地，一边抽出一定的时间读书。终于博览通晓各种典籍和诸子百家的著作。

知识加油站

"天将降大任于斯人也，必先苦其心志劳其筋骨"，很多有学识的人都是经历了艰难困苦的磨难，才成就一番事业。程门立雪、囊萤映雪都是值得学习的例子。

冬

司马迁像

第四章

著书立说

司马迁花费了十三年的时间编著了《史记》，流传千古，而皇甫谧在他短短一生中编著了多本书籍，有医学专著，史学专著，文学专著等，对后世影响深远。

皇甫谧性格恬静，不追求名利，再加上家族的教养，使他树立了高尚的志向，自己取号玄晏先生，把著书作为自己的事业。当他读完四书五经之后，又读完《史记》《汉书》等一大批典籍。曹魏正始初年，皇甫谧在翻阅汉代史书时，发现里面有很多是事件、人物记述残缺不全，因此激起他编纂史书的心愿，于是大量收集各种民间书籍、事迹、传说等，日夜不停地编纂，终于在二十六岁时创作完成了他的第一部著作——《帝王世纪》。

《帝王世纪》载录了许多《史记》及《汉书》阙而不备的史事，弥补了很多缺憾，是继《汉书》之后又一部著名的史学

伏羲像

著作。在著作中，皇甫谧取材广泛，考据充分，把上至三皇下到曹魏的所有帝王的家谱理得一清二楚，对从三皇五帝到曹魏数千年间的帝王世系及重要事件，做了较为详尽的整理。其著作较前人史书有很多突破，尤其在史前史研究领域进行了大胆的探索和尝试，他把史前史的开端推到了"三皇"时代，并对"三皇五帝"提出了自己的观点，认为"三皇"有两种说法：一是天皇氏、地皇氏、人皇氏；另一种说法是伏羲、神农、黄帝。"五帝"是少昊、高阳、高辛、唐尧、虞舜。他的著作把中国历史起源的时间提前到上古时代；对前人以及《史记》中语焉不详的历史事实，尤其是"三皇五帝"的世系纪年及重大活动进行了补充和考证；对历史上地方名称的前后变更及一个民族或王朝

炎帝神农氏雕塑

迁徙地名的变化做了较详尽的考证；第一次对历代土地、人口情况进行了较为详尽的统计和分析，整理保存了许多宝贵的资料；并将历史人物放到一定的社会历史条件下进行考察，肯定了历史人物在历史前进中的作用。其中有很多内容是司马迁所没有记述过的，补充了《史记》的不足，因此，清代历史学家钱熙祚曾评价"皇甫谧博采经传杂书以补史迁缺，所引《世本》诸子，今皆亡逸，断壁残圭，弥堪宝重"。

皇甫谧还写了很多的文学著作，比如《高士传》，记载了从三皇

北京孔庙国子监孔子文化展孔子像

到曹魏时期的九十六位隐士高人。皇甫谧将他们的性格、生平描写得一清二楚，这些人都有一个共同点，全都不在朝廷为官，都是志向高远、有独特的洞察力、言行出众的知识分子。但被孔子、司马迁称颂过的伯夷、叔齐，被班固表彰过的"楚两龚"即龚胜、龚舍，却不在立传之列。因为伯夷、叔齐宁肯饿死，耻食周粟，执节很高，但毕竟有过"叩马而谏"的自屈行为；两龚断然拒绝出仕新莽，晚节很好，但早年总是出过仕的，所以没有入传。他在《高士传》中塑造的"隐士"的这

班固像

楚国货币

种品质，正是皇甫谧的心中理想，他觉得做官是对他的理想一种侮辱。

此外，皇甫谧还写过《列女传》，对女性的高尚品德、聪明才智加以歌颂。

"答子治理陶邑三年，名声并不好，但家财却三年富了三倍。可见他贪婪妄取，搜刮不义之财是很厉害的。他的妻子知道他的所作所为，多次告劝，答子不听。他的妻子指出：'他才能浅薄而官大，这是遭害；没有功绩而家暴富，这是积祸殃。从前，楚国一个叫子文的令尹（官名），使国家得到安治，自家穷而国家富有，国王敬他、百姓爱他，因此，幸福延及子孙，大名留在后人的心中。现在，答子不是这样，贪求大富，不顾后害。现在答子治理陶邑，家富国贫，上级不喜欢，百姓不爱戴，

楚国郢都古城城墙

针灸鼻祖
ZHEN
JIU
鼻 BI
祖 ZU

42

皇 HUANG
甫 FU
谧 MI

陕西黄陵县黄帝陵石刻

败亡的征候已经显现了。希望我和年幼的小儿子都能脱离灾祸。'婆婆听到这话很愤怒，并将她赶出家门，她带着孩子，毅然离开了家。过了一年，果然因盗窃遭惩罚。"像这样的故事，很多都出自皇甫谧的笔下，都反映了他的高洁品质。

正是这种精勤不倦的精神，不求名利的品质，治学认真的态度，才使皇甫谧成为著名的史学家、文学家。后人评价：在西晋，写书的人很多，但没有人能够超过皇甫谧，令人敬仰。

舜帝像

知识加油站

1. 三皇五帝，并不是真正的帝王，而是上古时期出现的为人类做出卓越贡献的部落首领，后人追尊他们为"皇"或"帝"，并把他们敬为神灵，以各种美丽的神话传说来宣扬他们的伟大业绩。

2. "三皇五帝时代"又称"上古时代""远古时代"或"神话时代"，也可以简称为"三皇五帝。"三皇五帝率领民众开创了上古中华文明，近现代考古发现了大量与这一时期相对应的文化遗址，如龙山文化遗址等，证明三皇五帝时期确实存在。

与世隔绝

第五章

病痛缠身

皇甫谧生活在战乱年代，这个因素会对他产生影响吗？在他奋斗的过程中又发生了什么事情？这些事情有什么直接或间接的因素导致他学医著书吗？

皇甫谧生于战乱年代，又身患重疾，一生坎坷。

皇甫谧在意识到自己浪费二十多年光阴后，夜以继日，发奋读书，恨不得将所有的精力全都用于读书。有一位和他一起学习的友人，见皇甫谧每天唯一的事情就是读书，似乎与外界隔离，不运动也不好好吃饭，就劝解他让他注意劳逸结合，不然健康会出现问题的。但当时皇甫谧一心读书，并没有意识到身体的重要性，"如果早上学习到一个知识、明白了一个道理，即使晚上便死去都值得的，更不用说健康的问题了。"友人的提醒并没有引起皇甫谧的注意，几年后，他的身体逐渐开始显现出一些问题，刚开始只是四肢关节晨起发僵，活动后关节肌肉疼痛，再之后出现关节活动不利，并伴有疼痛，日积月累逐渐出现关节肿大变形等症状。这时皇甫谧才幡然醒悟，赶忙去找当地医生诊治，被确诊为痹症。"痹症"也就是我们现在说的类风湿性关节炎，人们称之为"不死的癌症"。《黄帝内经》曰："风寒湿三气杂至合而为痹"。痹症分为行痹、痛痹、着痹、热痹、尪痹，行痹是由风邪侵袭为主，主要表现为关节的游走痛，如风之性；痛痹是由寒邪侵袭为主，主要表现为关节的剧烈疼痛，夜晚尤甚，且痛有定处；着痹是由湿气导致的，湿邪粘滞不爽，侵袭关节久久不愈，主要表现为肢体关节重着，肿胀，痛有定处；热痹是痹症后期化热伤阴，高热、久热不解而形成，证见关节疼痛，局部灼热红肿，得冷稍舒关节疼痛；尪痹是痹症迁延不愈，经络组织，邪毒瘀滞导致关节疼痛，僵硬变形。《黄帝内经》云："邪之所凑，其气必虚"，当人体正气不足，不足以抵抗邪气，邪气便乘虚而入，阻于经络、组织、关节等处，不通则痛，便发展为关节疼痛、变形，皇甫谧所得的痹症，即尪痹。

尪痹导致的关节疼痛是难以想象的和难以忍受的，这对皇甫谧是一个重大的打击。皇甫谧常常在梦中痛醒，多次想要自杀，多亏养母

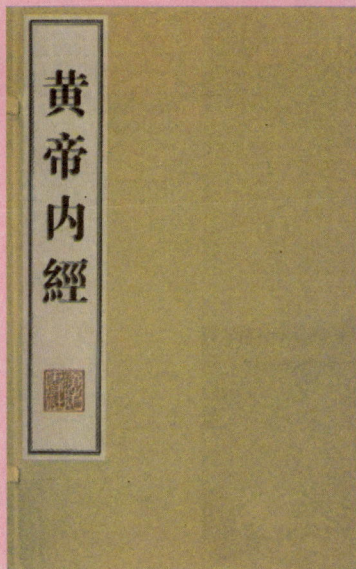

《黄帝内经》

及时耐心的劝解，这才打消了皇甫谧轻生的念头。然而不幸又一次发生在皇甫谧身上，在《针灸甲乙经》中有记载，在他四十多岁时，身患中风，身体麻木不仁，右脚变小。如此重的两种病发生在一个人的身上，这是多么不幸啊！

是什么原因引发的这些疾病呢？难道是因为读书太刻苦，还是有其他别的原因？如果真是读书导致的，那该怎么办？

皇甫谧出生于魏晋时期，根据著名学者竺可桢考证，皇甫谧生活的时代是中国五千年来第二个寒冷的时期，这个寒冷时期在 280 年至289 年达到高峰。在这个时期气候发生了剧烈的变化，医圣张仲景也是生活在这个时期，《伤寒论序》中记载"其死亡者三分有二，伤寒十居其七"，可见当时气候变化影响之大。皇甫谧故乡甘肃灵台的气

春天的水稻田

候是比较干燥的，新迁之地河南新安，因有两条河流经过，气候比较潮湿。皇甫谧一改往日闲散的生活状态后，每日忙于务农，休息时间又刻苦读书，生活充实了，身体却出现了新的状况，由于长时间的辛劳使他的身体日渐虚弱，在这种潮湿的环境下生活，就极易感寒湿之邪，这正是皇甫谧得痹症和中风的原因之一。

另外中医里讲究天人相应，我们既然生活在这天地间，一切生命活动都与自然息息相关，不管是人、动物、植物都离不开这片土地。一声春雷打破了寂静的大地，动物开始从冬眠中醒过来，植物开始发芽；立夏之后天气一点点的变热，植物长得会很茂盛，动物的皮毛也会茂密，万物一片兴盛的状态；等到秋天之后，所有的植物都开始成熟、之后

春回大地

冬天万物凋零

枯萎，这时候我们发现天气开始变冷，这是中医里说的阳气开始收敛；等到入冬，动物冬眠，植物凋零，为下一次的春天蓄积力量，这是冬藏。随着大自然的季节更替，我们身体也悄悄地发生着变化，必须顺应自然之法，"正气存内，邪不可干"，人体正气不足，邪气就会乘虚而入，发生疾病。皇甫谧在自然变化中，没能很好地保护自己的正气，从而引发一系列的病症。

皇甫谧生活的年代还是历史上王朝更替频繁的时代，朝局动荡，社会纷乱，畅行的血腥高压的政策，取代了仁义之政，正统儒学衰落。

洛阳白马寺大佛殿

这个时代的有识之士大都内心愤愤不平，希望天下太平，百姓安居乐业，希望国家统治者以正直仁慈之心去管理国家。皇甫谧虽是历史上著名的隐士，隐居山野不问朝政，但他却无时无刻不在关注着政局的变化。据考证，他每次疾病加重的时候，都是出现大规模的政治动荡的时候，可见时局的变化深深影响着皇甫谧。

有一次皇甫谧做了一个梦，梦中他来到洛阳，在太庙门前看着来来往往的人群，忽然一大队人马朝此飞奔而来，这些人来到太庙门前翻身下马，只见领头者将手中的东西呈上太庙，说已诛大将军曹爽。

他忽然惊醒，醒后感觉非常奇怪，就将此梦讲与乡人，他的朋友说曹爽权倾天下，怎么可能被诛灭呢？皇甫谧认为，这件事是很有可能发生的，作为父母官首先要具备的是德行，爱戴百姓、孝敬父母、尊重师长，若没有德行，即使权势再大，不受人尊敬，一旦出事，很快就会倒台。

魏明帝驾崩时，托孤于曹爽和司马懿两位大臣。不想曹爽独揽大权，架空司马懿，逼其告老还乡。司马懿虽居于乡野，却一心谋划，等待时机要除掉曹爽。

在正始十年（249年），曹爽带着幼帝去高平陵祭祀，在其离开都城后，司马懿迅速带人占领了都城，并传话给曹爽："回城投降，保你爵位。"曹爽听信司马懿的话后，带着幼帝回城，却不料一入城就被杀，其家族也被诛灭，从此司马懿掌握了国家政权，这件事就是历史上有名的"高平陵之变"。

三曹雕像

皇甫谧梦真的这么准吗？当然不是，其实是因为皇甫谧一直在关注着朝局的变化，他认为曹爽飞扬跋扈，不能长久，心中想的就是这些事，结果日有所思夜有所梦，梦中的情景完全是他自己的逻辑推理。后来司马家族又杀了高贵乡公，将曹氏家族最后一个血脉给断绝，这事当时在文人心中引起很大变动，大家不知道该怎么去做，不知道该忠于哪个朝廷。皇甫谧心系百姓，担忧天下，久而久之肝气郁结，已致于生出各种疾病。

知识加油站

"正气存内，邪不可干"，中医讲正气即人体的生理机能，主要指人们对外界环境的适应能力、抗邪能力以及康复能力，邪气指的是一切导致人体发病的因素。在正常环境下只要体内正气强盛，致病邪气就不会侵入人体引发疾病。

月色

皇甫谧文化园纪念馆

第六章

潜心习医

一个痹症就让人痛苦不堪，多种疾病兼加在一起，这种病痛的折磨使他频频想自杀，那么他是如何面对疾病的？又是什么原因使皇甫谧和针灸结缘，并成为针灸大师的呢？

人的一生会患有很多疾病，面临很多痛苦，很多人在身患疾病后，不断哀叹为什么别人不生病，而自己要生病，终日怨天尤人，陷入消极情绪，草草了却此生。而皇甫谧却为我们树立了一个榜样，即使身患重病，依然在自己短短的一生中，不断地探求中医理论，并付诸实践，解决自身及他人的病痛，并为后世做出了卓越的贡献。

皇甫谧在身患痹症初期，不愿意浪费时间，也不舍得花钱，坚持带病读书劳作。由于没有及时治疗，也没有好好休养，三十多岁正值壮年之际，皇甫谧的病情却越来越重，时时发作，令他苦不堪言，最终发展为尪痹，最严重时并发中风，偏瘫在床，听力也严重下降。

在无数个深夜里，皇甫谧忍着剧痛，思考自己该怎么办，如何走完以后的人生，是该忍受下去，还是与之相抵抗？同时，身处乱世中的他，看尽了人世间的流离失所，战后疫情的发生和百姓的痛苦，这些无时无刻不在颤动着他的内心，"身为皇甫家族一员，拥有八尺身躯，身体的里流淌着祖先不屈的血液，即使不能像祖辈那样驰骋沙场报效朝廷，也不能被疾病困扰，如果不懂医术就像一只游魂，何谈孝敬父母、忠于国君、拯救百姓！"皇甫谧暗下决心。

皇甫谧经过深思熟虑，决心学习医学，他想："既然自己有一些学问，就该把精力拿出来去学习医学，或许可以调整我自己的身体，如果调整好了是好事，还可为千秋万代的患者解除痛苦；如果不好，一方面我自己可以积累经验，另一方面也可以为后世医者进一步解决疾病提

皇甫谧文化园神楼

边关战士雕像

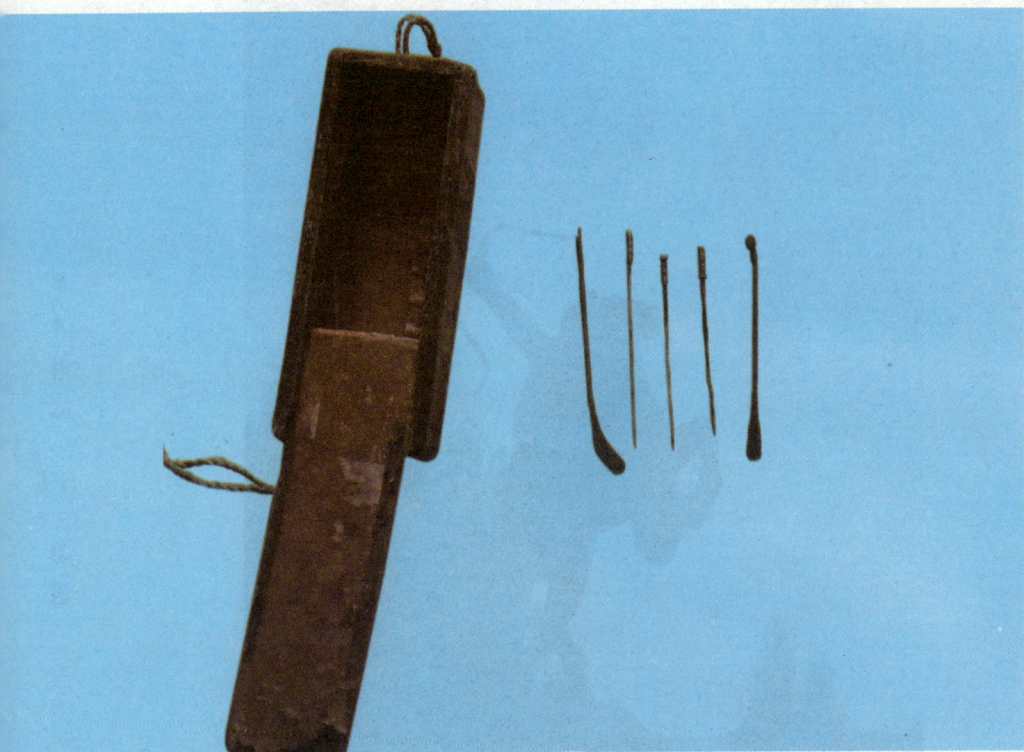

针灸

供经验，也是后世之幸。"于是他决定对病症奋起反击，决心去学习医学。皇甫谧的这个决定，为中医做出了巨大的贡献，他所作的《针灸甲乙经》奠定了中医针灸学的基础。

皇甫谧下定决心自己学习医学知识并付诸实践，承担重任，希望为后代贡献出一些自己的经验。这时皇甫谧遇到了一生的贵人，改变了他的一生。在他困苦之际，乡中来了一位老中医，这位老中医除了用汤药治疗疾病外，还擅针疗和艾灸，针疗也就是当时已开始流传的针灸之术。老中医为他第一次针疗之后，他全身关节疼痛便有所缓解，晚上就能入睡，那晚是这几年来睡得最沉的一次，一觉睡到天亮。皇甫谧第一次领略了针灸的神奇疗效，在老中医的高超医术下，经过近百天的针药配合，皇甫谧的中风和耳聋症状明显缓解，身体也逐渐硬朗起来。

艾蒿

自身的病痛及邻里乡亲的就医之苦也让皇甫谧重新考虑自己的人生：身处乱世，百姓流离失所，疫情接二连三，精通医道比饱读诗书更有意义。于是皇甫谧决定研习医理，勤修医学，他每天除了接受治疗外，其余时间都追随老中医学习医术，并将自己所学所想所惑记录下来，等到晚上从医书中寻找答案。看到皇甫谧如此好学，老中医非常高兴，送给他一套医书，并耐心地给他讲解针灸原理，手把手教他认识穴位，练习进针。

　　当皇甫谧的病情好转稳定之后，老中医便去别处行医了，临别之际，老中医给他留下一副银针，让他用来治病救人。皇甫谧用这副银针在自己身上做试验，一面治疗，一面熟悉穴位和针法，他的痹症一天天

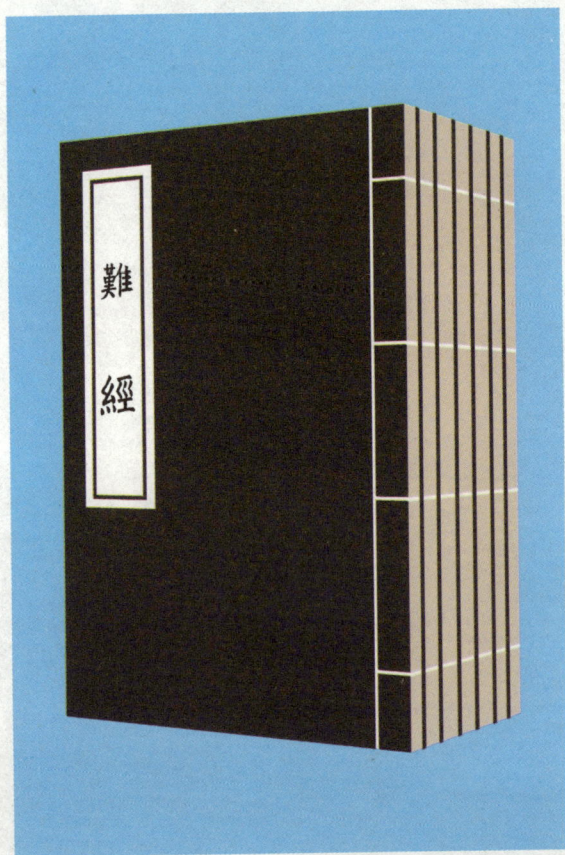

《难经》

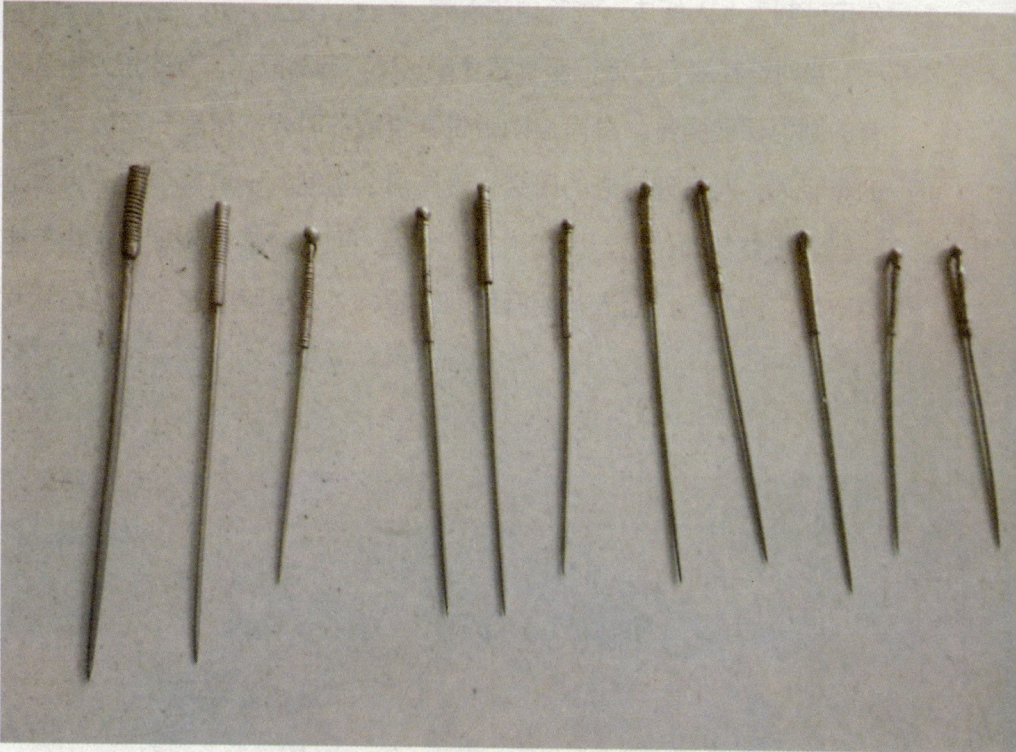

针灸针

好转了。这期间，皇甫谧继续读书著述，得到当时名人阮籍、张华等的赞许和提携，学识精进，很快也跻身名士之列。

皇甫谧在针灸治疗下，身体恢复很多，他在读书学医的同时，偶尔用针刺为乡人解决一些简单的疾病。

当时，社会名士流行服食寒食散（又称五石散），有的是为治病，有的则为保健强身。皇甫谧刚听说寒食散的时候，还是一个涉世未深的年轻人，对医理医道的研究也没有那么透彻。一看这个方子大多是一些温阳益气的药物，比如附子、干姜、细辛、紫石英等，这些药能驱散体内的寒气，让人神明开朗，他想："如果我吃这个就能祛除我

干姜

体内的风寒湿邪，那痹症不自然就好了嘛。"但没想到，服食不久后药性发作，风湿病非但没有祛除，身体机能还遭到破坏，燥热难当，到了最严寒的三九天，都得赤裸着身体吃着冰冷的食物，四肢酸重，苦不堪言。这种状况让他又有了轻生的念头，幸亏他养母的阻止和劝解，让他重新拾起对生命的渴望，开始用一种理性的角度去看待服食之风。

那么什么是寒食散呢？寒食散又叫五石散，它的具体成分现在已经不能确定了，根据流传下来的两个配方来看，是由一些像雄黄之类的矿物质药物构成的，寒食散服下去之后，会使人体产生巨大的热量，疾病有可能会在短时间内得到缓解，但这种药物具有非常热的药性，"寒

细辛

古酒场

温热药物

者热之"，当实寒之邪侵袭人体时，我们需要用温热类的药物去解决，相反如果像壮年阳气比较旺盛的人服用此类药物，两阳相合，会耗竭阴津，甚者致死，长时间下去会影响身体健康，很多人会因此而丧命。同时，服完寒食散产生的热量，"热者寒之"，就要求人吃冷的食物，喝冷的水，故称寒食散。除此之外，还要求服用之后，通过走步将药性发散出去，然后再喝热酒，让身体处于一种微醉的状态，把药性给散出来，如果错误地喝了冷酒的话，会导致送命，而且还要冲冷水澡，不能穿过厚的衣服。

绍兴鲁迅故里

　　寒食散在西晋时期非常流行，这个东西危害中国人大约几百年的时间。很多人因不懂医理，也不明白阴阳五行，就知道跟风服用，若是身体寒症明显的吃这个方子大有益处，但若病症与此相违背，轻的像皇甫谧燥热难忍，重的甚至因此丧命。

　　鲁迅曾经就评价过，西晋的时候，很多文人脾气不好，大抵是服了寒食散的缘故，服完之后体内感觉燥热，人的性情就会因此而发生改变。这个药在当时文人之中盛行，所以很多人争相模仿，最后有学者考证，从魏晋到唐代，大概有几百万人服用，可见其残害之深。

　　这个东西这么可怕，为什么大家还纷纷效仿？

魏晋时期墓室壁画

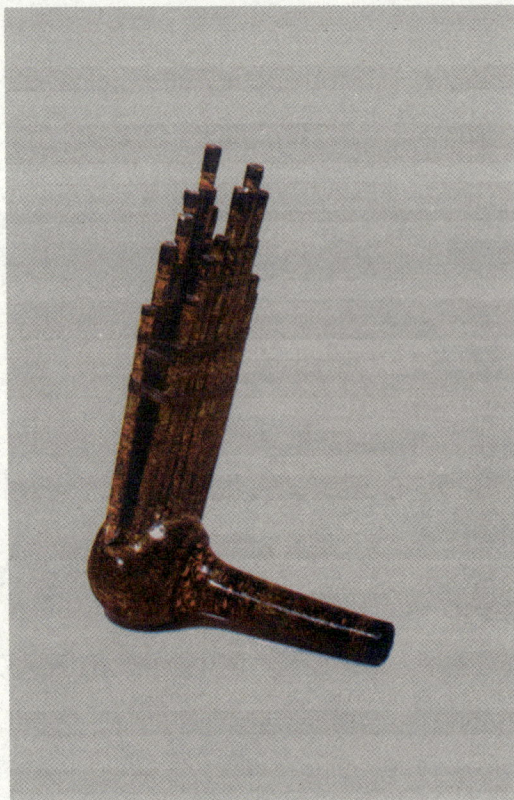

曾侯乙墓出土乐器

　　首先，和人们所处的时代有关。皇甫谧生活的时代是正统儒学衰落、玄学之风盛行的时代，有才学的人大多数不愿意在官场勾心斗角，更多的是向往一种平淡隐居的日子，在山中自给自足或者在村庄里以自己的才学教书育人。于是厌世并不厌生的魏晋学者，往往从药石、山水、音乐、宗教中寻找更多的慰藉。玄学的发展，让人们更多地追求养生之术，服食之风盛行一时。

　　其次，与其倡导者有关。何晏是魏晋时期一位著名的名士，因为长相俊俏，又很有文采，深受人们的尊敬和爱戴，他曾说服用此散之后的状态："服五石散非唯治病，并觉神明开朗"，大家都争相效仿

道教乐器

何晏，服用寒食散，这也就成为西晋时期文人们的时尚。

服用散剂之后，副作用慢慢展现出来，很多人开始出现各种症状，有的后背肌肉溃烂，有的患疮内陷久不收口，有的舌头内缩，甚至有人因服用而丧命，但大家却普遍忽视这些严重后果。

因服食寒食散再次陷入绝境的皇甫谧，这次又是如何与疾病抗争的呢？又是谁在关键时刻帮助了他？

当时皇甫谧尚未形成完整的医学理论体系，但他通过翻阅了许多的医书，奠定了深厚的中医基础。他开始反思时风，认为盲目服食寒食散是错误的，大家完全忽略了体质的差异，盲目追风服用。同时又思考自己的病状：每日夜中燥热、煎熬，这是服用过多之后两热相灼，导致身体阴津亏损，"热者寒之"。于是他开始吃冷的食物，喝冷水，让热症慢慢地褪去，但病若游丝，痛苦连绵不绝。在最痛苦之际，家人都以为他要死了，幸亏兄长给他的三黄汤，服用后躺下，随后因寒食散带来的症状就消失了。

皇甫谧疾病好转之后，这张方子便成为他的看家药方，并且开始大量的翻阅书籍，研究此病和此方之秘。因误服时方导致的疾病症状虽有不同，但其病机大多相似，所以治疗方法也就不约而同了，这就是所谓的"异病同治、同病异治"。乡人见皇甫谧的症状消失，便纷

黄芩

纷来求治病方法，他就根据不同人不同体质，为乡人处方抓药，拯救了一方百姓。当时有位姓姜的先生，服用散剂之后，身体燥热难耐，穿衣单薄，每日需饮水五升，异常痛苦。在找到皇甫谧后，姜先生详细地阐述了自己的症状，皇甫谧仔细观察此人，面部通红，两眼炯炯有神，口唇干燥，舌红苔薄，是典型的热盛伤津之象。于是他用三黄汤加减让姜先生服用，姜先生服后而愈，之后一传十，十传百。

皇甫谧晚年时写了一本叫《解服散说》，将自己一生的经验全部写入书中，反对服散，许多人因此而受益。

疾病的折磨，求生的欲望，迫使皇甫谧阅读了大量的医学书籍，

黄芪

《针灸甲乙经》

就这样，皇甫谧熟悉了医学理论，这为编撰《针灸甲乙经》奠定了坚实的基础。身患多种疾病的他，深知患者的病痛，更让他钻研医术，研究针灸和经络。生活在魏晋时期的皇甫谧，当时的针灸经络学说已经出具模型，但仍不够完善，那么皇甫谧是怎么样完善和应用这些方法呢？

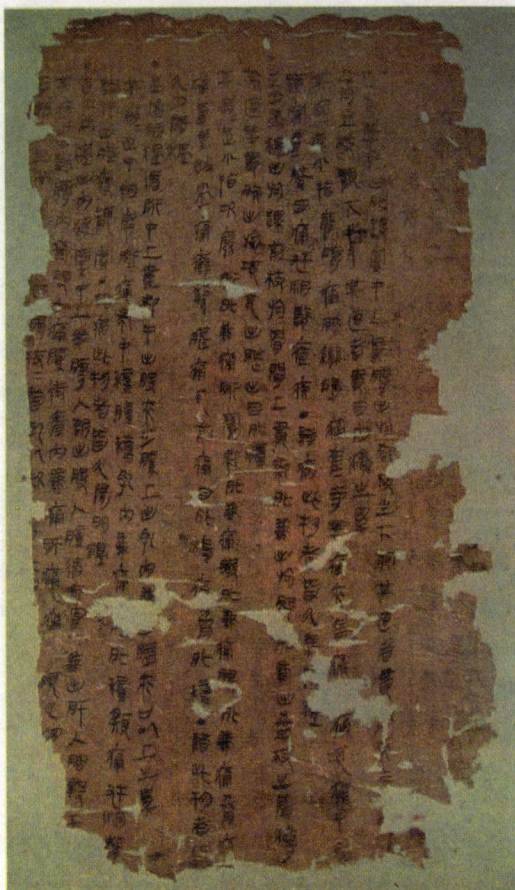

帛书《足臂十一脉灸经》

知识加油站

1. 寒食散又称五石散。相传其方始于汉代、魏晋南北朝名士服用此散，成为一时的风气。

2. 所谓"是药三分毒"，我们在应用药物的时候应该尽量在医生的指导下用药，切勿盲目服用造成不必要的损伤。

曹操雕像

第七章

不慕富贵

皇甫谧精湛的医术得到了皇室高官的欣赏，他如何对待金钱、名利的诱惑？又如何从皇宫中脱身？为了躲避皇室的再三征召，他不得不背井离乡，拖着病痛的身体四处漂泊，那么面对这些病痛，面对种种绝境，他是如何坚强地与命运抗争的呢？

东汉末年至三国时期，是我国历史上一段动荡纷争的时期。官渡之战、赤壁之战、夷陵之战等历史上著名的战役都发生在这一时期，"遥想公谨当年，小乔初嫁了，雄姿英发，羽扇纶巾，谈笑间，樯橹灰飞烟灭"描绘的就是这一时期发生的赤壁之战，很多人很喜欢这个时代。但我们从另一个角度去看，每一次战役的胜利都是用几千人，几万人，甚至几十万人的生命换来的，比如赤壁之战，曹操号称带领八十三万大军南下，经过赤壁之战，军队伤亡过半。当时，很多手无寸铁的老百姓被迫从军，远离故乡远离亲人奔赴遥远的战场，结果许多人命丧黄泉，曹操的《蒿里行》写道："白骨露于野，千里无鸡鸣，生民百遗一，念之断人肠。"诗中记载了当时的惨状。连年的征战，使得将士长期不得解甲，身上长满了虮子、虱子，无辜的百姓也受兵燹之害而大批死亡，满山遍野堆满了白骨，千里之地寂无人烟，连鸡鸣之声也听不到了，满目疮痍，一片荒凉凄惨的景象，令人目不忍睹。

古时有一句话叫"大战之后必有大疫"。一场战役死伤无数，尸体无人收敛，暴露荒野，病菌大量繁殖成为瘟疫的来源；常年征战，军民长期处于饥饿的状态，身心疲乏，而脾胃乃后天之本，饮食不足无以为源，正气不足难以抵抗外来邪气的侵袭；天气寒冷又没有足够温暖的衣服去抵御外来风寒之邪，所以乱世大疫频发。

由于长期的征战导致的这种凄惨的社会状态，深深地触动着皇甫谧的心灵，皇甫谧身体里流淌着祖先不屈的血液，一心想要报效国家，为百姓谋幸福，所谓"不为良相便为良医"，战后的这种惨状也是皇甫谧学医途中的一大驱动力。

残酷的社会生活环境，铸就了皇甫谧坚强的意志和高尚的人格。当他发奋读书、声名渐起时，周围的人就劝他珍惜名声，广交名士，可他却淡泊名利，安贫乐道。

荒野沙漠

《竹林七贤图》局部

　　《晋书·皇甫谧传》中记载了这样一则故事：皇甫谧姑母的儿子梁柳当了城阳太守，即将赴任，人们劝皇甫谧为其饯行。他回答说："梁柳未当官时到我家里来，我迎送他时门都不出，吃饭时只不过上一点咸菜，穷人都不认为酒肉是好朋友。今天他当上了郡守，我若为他饯行，那就是看重城阳太守而轻视梁柳，不符合古人之道，我心中不安！"由此可以看出皇甫谧为人处事的风范。

　　260 年，司马昭杀高贵乡曹髦。为拉拢知识分子以巩固自己的势力，司马昭下令去各地征召皇甫谧等三十七位名士到政府做官，其中三十六人全部听从皇命，前往朝廷任官，唯独皇甫谧以疾病为由拒绝征召。当时很多乡亲都劝他应召，他作了著名的《释劝论》，再次表明了自己的志向。为了逃避征诏，他曾回到洛阳，到女儿山避诏隐居。皇甫谧言行一致、德高望重，成为当时天下闻名的名士，很多人都很崇拜他，知识分子也都乐意效仿他。到司马炎称帝时，再次下诏征他入宫，他却写出了著名的《让征聘表》。在书中描写自己的病情"而小人无良，致灾速祸，久婴笃疾，躯半不仁，右脚偏小，十有九载，于今困劣，救命呼噏，妻息长诀。"

皇甫谧一边躲避征召，一边四处行医，为广大老百姓治病。一次，他到了一个比较偏远的村子，这个村子的道路比较崎岖，与外界的联系

晋武帝司马炎

漆棺

也不密切，经济发展落后，医学水平也比较差。在村子里，皇甫谧看到雪地上有滴滴血迹，听到远处传来阵阵哭声，赶忙上前去问个究竟。他发现一群人抬着一个棺材，里面躺着一个女孩，一打听才知道女孩由于和家人生气导致口鼻出血，四肢冰凉，死过去了。在古代白发人送黑发人是不吉利的事情，这才要匆匆埋葬。皇甫谧赶忙拦下，"这是气厥，是由于这个姑娘生气导致肝气上逆，血随着气上走，才出现这种状况，是可以救的。""大夫，快救救我家孩子！""来，把患者放平"，只见皇甫谧拿出两根银针，为还有一丝气息的女孩行针救治，头顶和脚心各施一针，将其救醒。女孩及母亲都感激不尽，女孩拜在皇甫谧的门下作为义女和徒弟，学习医学知识，来救助像自己家乡这

雪地

洛阳汉代墓壁画

样的医学落后地区的人们。皇甫谧在这个村子住了数日，解决了许多患者的疾病，有风湿性关节疼痛的，有产后气血恢复不佳的，亦有老年人腰腿疼痛的。一时间，皇甫谧声名大噪。

　　265 年，晋武帝皇后杨艳患疯癫症，朝廷下诏广请天下名医入朝诊治。皇甫谧表弟梁柳在城外看到告示，揭下告示进京，受到晋武帝的奖赏，但是梁柳不会治病，举荐皇甫谧连夜进京入洛阳。洛阳城中，书萱宫内灯火通明，晋武帝心急如焚，坐立不安等着皇甫谧的到来。而此时，皇甫谧的马车在山路上向着洛阳奔来。来到洛阳的街头，皇甫谧心中没有一丝的愉悦、欣喜，也无暇观赏路边的繁华景象，他心中只有患者一人"现在患者是什么状况？疯癫是什么原因导致的？有

汉代马车画像砖

洛阳墓志壁画馆

没有什么外伤或者心理因素呢？"到了这浩大皇宫，皇甫谧没有一丝的畏惧，就像在家乡前往乡亲家中诊病一样，快步走向书萱宫，行完基本的礼仪后，就急忙走到皇后的身边，望、闻、问、切，一丝不苟。皇帝对皇甫谧说："朕的爱妃到底怎么回事，这宫里的御医都是饭桶，一个病都治不好。"皇甫谧说："回禀皇上，皇后前几日是不是受到什么刺激，这几日内心一直惶恐，感觉胸口发闷，像有东西压迫，还多梦。""对对对，前几日皇后家中奶娘去世，皇后娘娘哭了好大一阵子。"贴身丫头急忙回答道。但限于皇宫后妃礼仪，不能由男子触碰妃子的皮肤，便由女徒

晋代药碾

弟代为行针，治好了皇后的病。晋武帝非常高兴，下令大赏。

这时的皇甫谧却说："皇上，您得当心龙体，您的病比皇后的还严重。"晋武帝不解，"放肆，朕身体强健，骑马射箭可赶超一般小儿，你说说朕的身体哪里出现了问题。"皇甫谧说："回皇上，您身体表面上很强健，但是否有夜半咳嗽，晨起胸闷不适的症状，这是平时嗜食肥甘厚味啊，长此以往风痰上扰容易引起中风、半身不遂的。"晋武帝听到连忙邀请皇甫谧上座，请他调治并答应他所提的任何要求。皇甫谧说："皇上，我不需要任何封赏，您可以在各地设立广济药局吗？既可以造福一方百姓，又可以弘扬您宽厚爱民的声誉。"晋武帝大悦，诏他做贤良方正，皇甫谧心里不觉想起五年前的事情：当时皇甫谧和爱徒张华、义女辛妍走到大街上，突然看见解差从城中穿过，人群中纷纷传来竹林七贤之一嵇康要被杀的消息。皇甫谧快步走向前去，城西口的学生们放声啼哭，同时人群中也传来名曲《广陵散》从此失传的消息。想到这，皇甫谧悲痛不已，眼前不觉浮现出嵇康弹着《广陵散》的情景。晋武帝看到皇甫谧的表情，心里不快，知道他不想为官，杨艳上前告诉晋武帝说："皇甫谧去年就已经写下《让征聘表》，决心隐居山林。"晋武帝看着杨艳，答应了皇甫谧不出仕的请求。

朝廷藏书阁的规模非常大，占地面积不是一般人能想象到的，里面藏纳了古今中外所有的书籍，医学、史学、文学各类书籍都集中在这所皇家书阁，皇甫谧在出宫之时请求皇帝说："陛下既然赦免了臣的

阮籍像

归隐山林

嘉峪关水库日暮时分

玉药筒

死罪，是否可以借书籍给罪臣一阅？""哈哈哈，真是一个书痴，国家之栋梁，可惜可惜，不被朕所用。"晋武帝将一车书籍赠予他。

就这样，皇甫谧一边躲避朝廷的征召，一边不断地进行着学术研究，而随着他的医学成就也越来越高，不但他自己的身体不断恢复，也有很多老百姓来找他看病，皇甫谧不辞辛苦地为他们解除病痛。虽然皇甫谧如何诊治疾病的案例没有流传下来，但是根据人们对皇甫谧的推崇和尊敬，还有他在中医史上的地位，我们可以看出当时皇甫谧的医学造诣已经非常高了。那么，他到底是什么时候写出《针灸甲乙经》这部中医史上第一部针灸专著的？

　　266 年，因养母去世，皇甫谧回到家乡奔丧。当时，社会动荡不安，几朝天子你方唱罢我登场，鉴于皇甫谧的声名，每一任当权者都下诏征他入仕。皇甫谧看透了当时政权争夺、变更无常的险恶，不愿为官卷入斗争旋涡，每次均托病拒绝。

　　经历了几次动荡之后，皇甫谧感到，新安虽靠近当时的政治、经济、文化中心洛阳，但是洛阳萧杀的空气也已经弥漫到了新安，这里已不适宜读书生活了，他开始日夜思念自己的故乡，做梦都想回到故乡。这时，皇甫谧叔父的儿子也已经长大成人，皇甫谧便毅然放弃繁华的都市洛阳和新安，借这次奔丧之机，皇甫谧一路颠簸，回到故乡灵台。回到灵台后，他看到皇甫湾已人是物非，便从什字塬东下来到现在的独店，在张鳌坡的山下购了几亩薄地，挖了几孔窑洞定居下来，在这里过着一边耕种、一边读书的生活。他为解疾苦、亲身试针、钻研针灸，

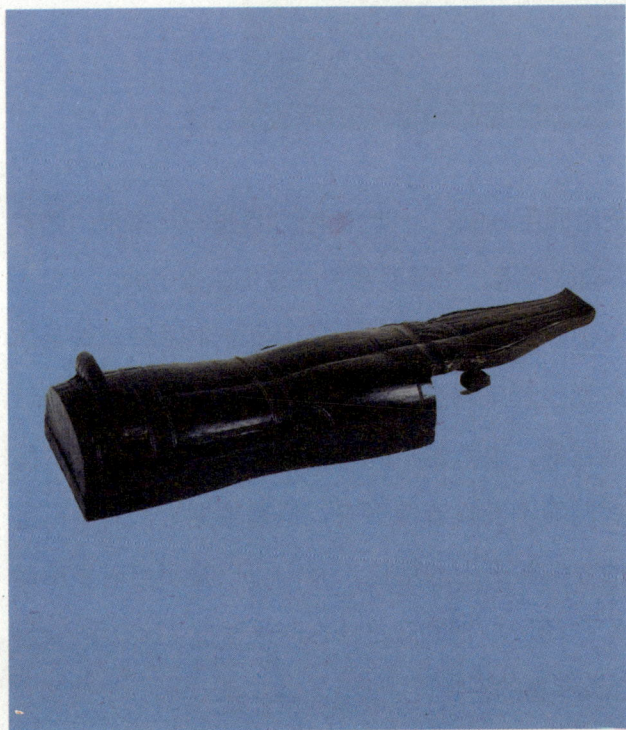

曾侯乙墓十弦琴

将人体穴位进行了详细的归纳和整理，并确定了"灵台穴"。

　　然而，朝廷并没有停止对皇甫谧的招纳，于是皇甫谧避召崆峒山。当时，倭国、高丽等地疾病蔓延，先后向晋武帝请求援助医术，晋武帝命皇甫谧爱徒中书监张华和太子舍人张轨前往安定朝那寻求皇甫谧，张华在青牛道人封君达的指引下，带领朝鲜县的姚毅、高丽的王成、倭国的三本一郎等人在崆峒山见到了恩师皇甫谧。皇甫谧在崆峒山详细听了张华和张轨介绍了倭国、高丽、朝鲜县的病情后，就在崆峒上设帐授徒，潜心向倭国、高丽、朝鲜县的来使讲述了针灸养生术，并让张华将《黄帝三部针灸甲乙经》的手抄本带给晋武帝。

昼耕夜诵

知识加油站

1. 竹林七贤指的是三国魏正始年间（240—249 年），嵇康、阮籍、山涛、向秀、刘伶、王戎及阮咸七人，先有七贤之称。因常在当时的山阳县（今河南辉县一带）竹林之下，喝酒、纵歌、肆意酣畅，世谓七贤，后与地名竹林合称。

2. 嵇康是一位才华横溢的知识分子，洒脱飘逸，因为不想和司马家族合作，所以当时很多知识分子都纷纷效仿他，以他为榜样，不参与王朝的纷争中，如此大的影响力，自然成为司马家族的眼中钉，司马炎便找了个借口要将他处理掉，当时有很多文人一起要拜他为师请求赦免文士，但司马炎没有听劝，依旧处死嵇康。在菜市口，嵇康从容淡定，让随从将他的古琴带来，说以前有人想跟我学习这首曲子，但我没有教，从这以后这首曲子绝了，说罢面对千万人弹了最后一曲《广陵散》，便从容赴死。

朝霞

第八章

流传千古

大家都知道著名的《针灸甲乙经》是出自皇甫谧之手，那么针灸的根源、理论是什么呢？穴位又是怎么被发现的？皇甫谧又是靠什么完善这一理论的？

经络理论就像中医皇冠上一颗特别耀眼的明珠，是中医非常重要的基础理论之一。很多中医的理论都是源自生活，可以用生活中的点点滴滴来解释，就比如现在很多患者见到医生就说："哎呀，医生，我是不是湿气重啊，我都喝了那么多的薏米水了，怎么还不好呢？"大家想想湿衣服在什么情况下干的比较快呢？是不是挂在有太阳照射的地方，这时候在吹上一阵小风，不一会就干了。这就是中医的机理与奥秘，我们现在的饮食越来越偏寒凉，湿气属阴，重浊下趋，这时候就会有身体发沉，脑袋晕乎乎的症状。我们用上一些类似阳光的偏于阳性的药物就可以解决掉这些病症，而不是一味的去饮用薏米红豆水。最早的经络理论也是源自人们日常的实践、生活中，并经过一代代中医不断研究，发展，总结而形成的。

人们在生活、劳动过程中，无意中碰到了某一些位置，会产生一些酸麻胀痛的感觉，这种感觉有时候会沿着一条线放射，这时候人们惊讶地发现，原先疼痛的地方缓解了，之后再有这些症状的时候人们就去试探性地按揉这个地方，病情就能够减轻。比如牙疼的时候，我们的本能去按揉痛处，有时候就可以缓解，这是我们中医里说的近治，可以取病变处的穴位去解决疾病；但如果感觉心脏不舒服，难道要扎前胸部吗？有时候人们无意地碰触到前臂的某处，也会缓解，这就是我们中医所说的远治疗法，取病变经络上远端部穴位去治疗疾病。

在这种实践过程中，随着经验积累，人们逐渐记载了某些特殊穴位的特殊功效，逐渐演变成经络理论。而治疗的工具也由起初的砭石发展成后来专门用来针灸的银针，在大大缓解痛处的同时也减少了患处的感染。

春秋战国至秦汉时期，由于社会的发展和科技的进步，针灸理论迅速的发展。大约在战国末期，《黄帝内经》出现了，它是针灸理论的雏形，到了皇甫谧那个年代，经络腧穴的理

《伤寒论》

论比较成熟了。当时的穴位记载三百多个，但实际标明名字、位置、功效的只有一百多个，是非常不完善的。

在皇甫谧的时代，中医学已经有了足够的发展，医圣张仲景写出了《伤寒杂病论》。《伤寒杂病论》独辟蹊径，从疾病的病因、症状及发展阶段，确立了"六经辨证"的理论体系，奠定了理、法、方、药的理论基础，是我国医学史上影响最大的古典医著之一，在现在仍被多数医生认作临床必读经典，书中不仅归纳了伤寒外感，更有杂病辨证体系。但非常遗憾的是，在当时书籍的流传度是非常狭窄的，很多医生并没有看到这本书，医生的水平参差不齐，甚至有些医生水平较低，误人误己。皇甫谧在生病后，曾请过医生诊治，他在书中提到："方治

张仲景

药皆浅近"，药没什么大的效果。其实这也算是一种因缘际会了，如果当时有个著名的医生将他的病治好，他可能也不会去深一步地探索医学知识，也就不可能成为著名的医生了。

在那个战火纷起的年代，大战之后必有大疫，食水的缺乏，瘟疫的蔓延，战乱的困扰，时时危害着百姓。在这样的时代背景下，医学得到了飞速的发展。根据《汉书·艺文志》记载：当时中医存在的书籍有《黄帝内经》《黄帝外经》《白氏内经》《白氏外经》《扁鹊内经》《扁鹊外经》等，但目前保存下来的只有《黄帝内经》，其余的书都已经遗失了，非常可惜。曾经这些书籍的出现，足以证明中医源远流长，在当时发展已经非常丰富了。当时不仅名医辈出，而且中医理论也逐渐完善，神医华佗以诊断便捷著称，精通内、外、妇、儿，且针灸之术精纯，医圣张仲景及其编撰的《伤寒杂病论》也已问世，而《难经》的问世对针灸经络理论的完备做出了贡献。战国末期出现的《黄帝内经》已经形成了完整

华佗

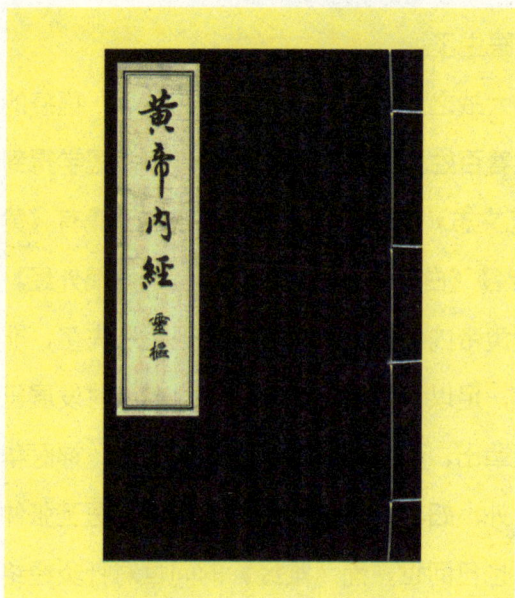

《黄帝内经·灵枢》

的经络系统，经络的循行、主治病症、针刺的方法、针刺适应症和禁忌症等也做了详细的论述，尤其是《灵枢》所记载的针灸理论更为丰富、系统，被称为是针灸学的第一次总结。这些医书都为皇甫谧编撰《针灸甲乙经》奠定了基础。当时的医书用竹木简刻成，不免存在遗失、乱序，加上雕刻之困难，医书往往被视为秘宝，普通人很难看到，给后世学习针灸造成了很大的障碍。久病成医，皇甫谧自身饱受病痛折磨，抱病期间，自读了大量的医书，尤其当老中医用针灸缓解了他的病痛后，他对针灸学产生了浓厚的兴趣，也把自己的精力集中在了研究针灸上。但是随着研究的深入，他发现以前的针灸书十分不便于学习和阅读。于是他决心结合自己的体验和实践，编撰新的针灸书，让更多的人受益。

皇甫谧开始编撰这本书大约是在 259 年，共有十卷，后改编为十二卷，一百二十八篇。在编撰的过程中，由于之前诸书存在各种矛

马王堆出土竹简《养生方》

清
明

盾之处，也常常阻碍着他的进程，这才使此书的编纂过程长达三十余年。皇甫谧常常以身试针，特别是一些古医书上从未记载，却又真真切切的临床疗效的穴位，他都经过亲身实践确认有效后，再根据患者的病情去施治，经多次临床验证后，他才一一记载下来。就这样，经过反复的临床验证和考证总结，皇甫谧终于完成了这部惊人之作——《针灸甲乙经》（原名《黄帝三部针灸甲乙经》），简称《甲乙经》。就在刊刻当年，耗尽毕生精力的皇甫谧含笑而终，享年六十八岁。

皇甫谧去世后，他的儿子童灵、方回遵照遗言"俭礼薄葬"，选择了张鳌坡原边作为他最终的归宿，当时有成千上万的人来吊祭，为他送葬。每到清明节，人们都情不自禁地到坟前祭奠添土栽树，逐渐在原封土的地方垒起一个高大的坟堆，皇甫谧墓才有今天的样子，人们以这种方式怀念这位伟大的先哲。

《针灸甲乙经》在《黄帝内经》的理论基础上做出了更深更细的阐述，对十四经穴做了全面系统的归纳整理，从一百三十多个穴位基础上增加到三百四十九个。其中不仅论述了十二正经的穴位，还阐述了经脉根结、奇经八脉的循行，其穴位排列次序，躯干部位按照头、背、耳、颈、肩、胸、腹等排列，四肢分手三阴三阳、足三阴三阳经依次排列，这要比《黄帝内经》单纯依照经络排列要显得更加清晰明确，符合人体经络穴位的分布规律，也确立了后世穴位排列的基本规则。此外，《针灸甲乙经》还突破了《黄帝内经》中一穴只属一经的惯例，其正式全面记载了交会穴，属阳经的有五十个，属阴经的有三十一个，其他间接交会的有十一个，这是对腧穴理论的一大发展，后世均在此基础上穴位有所增加。《针灸甲乙经》对三百四十九个穴位的位置与取穴方法也都做了具体准确的记述，有的根据患者口腔活动取穴，如听会穴"在耳前陷者中，张口得之，动脉应手"；有的根据患者体表静脉分布取穴，瘛脉穴为"耳后鸣足青

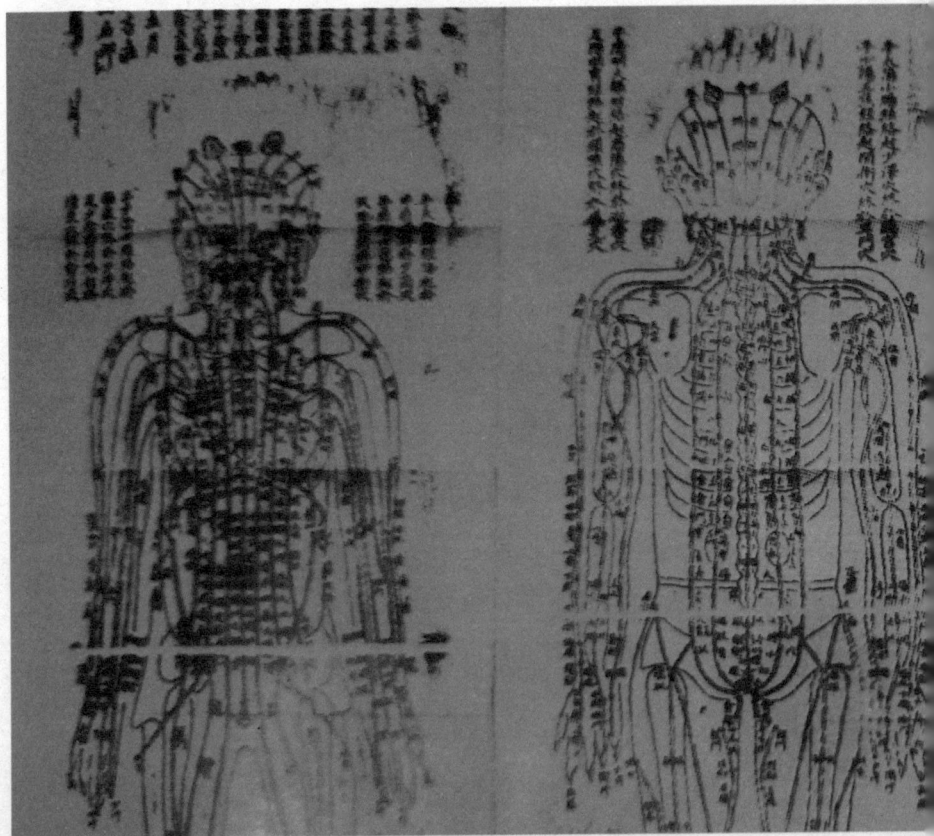

络脉"处等。这样取穴，对提高穴位定位的准确度，具有重要的意义。此外，《针灸甲乙经》中对每个穴位的针刺深度、留针时间、灸的壮数等也做了详细的说明与规定，对各脏腑的生理病理均有系统的阐述，为后世医家提供了。

《针灸甲乙经》问世后，唐代医署开始建立比较完备的针灸学机构和教育体系，设立针科、灸科，并把这本书作为医生必修的教材，唐代著名医家王焘称其为"医人之秘宝"，足以看出此书在当时的影响力。

这本书对后世的影响也非常深远，我国的针灸学术的发展均依此

《正伏侧人及脏腑明堂图》石刻版画挂图

扁鹊像

书为核心，也为现在的针灸医生提供了临床治疗的具体指导和理论根据。在古今对外传播的过程中，针灸逐渐在国际上得到了广泛的认可。《针灸甲乙经》作为针灸传承教育的范本，有较高的声望，曾名列"影响世界的 100 本书"，被世界医学界推崇为经典著作，先后传入朝鲜、日本、东南亚和欧洲等地。国际针灸协会把《针灸甲乙经》列为针灸学者必学的经典著作之一，在世界很多国家，尤其是发展中国家开办针灸教育机构，在欧洲，不少国家办有各种类型的中医针灸学院，培养了一批批国际中医学针灸人才。

2006 年，"皇甫谧针灸术"被列为甘肃省非物质文化遗产保护名录，2010 年 11 月 16 日，联合国教科文组织将"中医针灸"列入"人类非物质文化遗产代表作名录"。到目前为止,《针灸甲乙经》已被 140 多个国家作为临床必读经典，将它的理论应用于临床，成为全人类共同的财富。《针灸甲乙经》奠定了皇甫谧在中医针灸史上的地位——"针灸鼻祖"，皇甫谧也由此跻身"中国古代十大名医"之列。

　　一千多年的时光可以让人们遗忘很多东西，但造福于民的仁人志士却永远活在了后人心中，他的《针灸甲乙经》也永存于世。从这个意义上来说，皇甫谧就在我们的身边，在我们诊治疾病时，在我们探索穴位的奥秘时，他永远活在我们心中。

知识加油站

1.《针灸甲乙经》是古代中医学著作之一，为中国现存最早的一部针灸学专著，也是最早将针灸学理论与腧穴学相结合的一部著作，是现在针灸学习必读的一本书。

2."中国古代十大名医"是指扁鹊、华佗、张仲景、皇甫谧、叶桂、孙思邈、薛生白、宋慈、李时珍、葛洪。

华佗像

后记

皇甫谧的养生观念

皇甫谧经历过长年病痛的折磨，在调理自身疾病的同时，阅读了大量的医书，《黄帝内经》《难经》《伤寒杂病论》等理论早已融入他的血液，成为他自身的一部分，而他也将这些理论应用于自身的治疗、调护，才让饱受多种疾病困扰的他有了六十八年的寿命。在同自身疾病斗争中，不仅有了《针灸甲乙经》的问世，更积累了丰富的养生经验。皇甫谧养生核心观念为一"和"字。我们常说"家和万事兴"，当然这只是"和"的一小部分，我们要争取做到"天人合一"即其倡导的身心相和、人际相和、自然相和。

身心相和指的是自身的一种养生，皇甫谧说："夫人之所贪者，生也；所恶者，死也。虽贪，不得越期；虽恶，不可逃遁。"告诉我们要"知足常乐"，要学会满足，内心没有欲望在，自然就没有内心的挣扎，外界的纷扰也不会干扰到我们。生老病死使人之常情，是我们来到这世间必有的遭遇，我们要遵循自然规律，学会坦然地面对一切，不必刻意地去追求长身不老、延年益寿，皇甫谧也正是看透了这一点，才告诉自己的儿子要"俭礼薄葬"。不论是生死大劫，还是生活

黄帝内經

難經

伤寒论

针灸甲乙經

《黄帝内经》《难经》《伤寒论》《针灸甲乙经》

敦煌月牙泉全景

中的小灾小难，我们都无所畏惧，"车到山前自有路"，不是说放任不管，而是坦然地面对，只要积极的努力过，自然有应对的办法。内心没有畏惧也就没有伤神之扰，自然长寿。

　　人际相和是人与社会的相处之道，皇甫谧说："贫者士之常，贱者道之实，处常得实，没齿不忧，孰与富贵扰神耗精者乎！"就是说，一个人没必要处心积虑地去追求财富、权力，这样会耗伤人的正气，邪气就会轻易地伤害我们的身体，自然易发病而命折寿损。《黄帝内经》有"恬淡虚无，真气存之，精神内守，病安从来……今时之人不然也，以酒为浆，以妄为常"，古人早已告诉我们，要保持一颗善良的平常

鹤立金秋

心，做好自己才能健康。人类是社会的产物，属于社会人，人与社会环境和谐统一，努力工作，心安理得，安于贫穷，乐于道德，助人行善，这样七情平和，饮食平淡，阴阳调和，正气内存，也就不易发病。不求名利才会无损于生命；不追求富贵，才能获得深厚的道行。

自然相和也就是顺应自然。皇甫谧认为世间有春、夏、秋、冬四时，同时也是四气，而人作为自然界的一部分，也是由气而成。而我们的一天也分阴阳、也分生、长、收、藏，我们必须遵循这种规律去生活、养生、防病，否则就会生病。其在治疗疾病上强调"顺天之时，而病

日出

可与期，顺者为工，逆者为粗也"。所以，养生防病就要以四时变化为基准，调整自身的精神活动，保持相对平衡、有规律的生活方式，达到因人、因时、因地而论，这样就能调节阴阳，使病邪无法侵入人体，健康长寿也就不请自来了。"日出而作，日落而息"，是古人的一种生产生活方式，也体现了阴阳生长的变化，日出是阳气开始生长之时，夕阳西下是阳气衰退之时，我们自然也要遵循这种规律，夜间不暴饮暴食、胡吃海喝，日出之时起身，没有回笼觉的困扰，这样的改变自然会让身体有很大的变化。

云海中的汉阳峰

"和"这一个字，看起来很简单，但真正做到身心合一，是需要我们努力而为之的。对于自身的病症，皇甫谧始终按照中医理论及针灸知识不断进行自我调理，最终尽其天年。在养生上注重因人、因时、因地制宜，采用不同的方法进行调养，淡泊名利，安于自然寿命，安贫乐道，调养精气神，适应社会安身立命，如《黄帝内经》所言："上古之人，其知道者，法于阴阳，和于术数，饮食有节，起居有常，不妄作劳，故能形与神俱，而尽终其天年，度百岁乃去。"今天我们来品前贤之言，其养生思想对我们现代人更值得学习借鉴。

淡泊名利　宁静致远